AF453729

III

CARNOT & SON ŒUVRE

III

BIBLIOTHÈQUE DU JEUNE AGE

LIBRAIRIE GÉNÉRALE DE VULGARISATION

A. DEGORCE-CADOT

Portrait de Carnot.

AVANT-PROPOS

La vie des grands hommes qui ont illustré notre pays dans les différentes phases de notre histoire nationale n'est ni moins attrayante ni moins utile à connaître que cette histoire elle-même : elle en est, d'ailleurs, le complément, ces hommes d'élite ayant exercé presque toujours une influence personnelle irrésistible sur les événements, soit qu'ils les aient provoqués, soit qu'ils les aient dirigés.

Et cela est vrai à quelque point de vue qu'on envisage les diverses branches du progrès humain : politique, science, littérature, beaux-arts.

Nous avons voulu commencer par Carnot, l'homme de bien, le grand patriote, la série des biographies que nous nous proposons d'entreprendre, parce que son nom constitue

— 6 —

l'une des gloires les plus pures de notre patrimoine national ; parce qu'il appartient aussi à une époque sur laquelle il convient aujourd'hui, de plus en plus, de jeter une lumière impartiale.

D'autres suivront, choisies avec soin dans tous les temps, dans toutes les nationalités, dans toutes les catégories sociales, véritables enseignements vivants et pratiques, auxquels les événements serviront de cadre naturel et d'explication.

Rendre un hommage mérité aux personnages dont le génie ou les talents ont illustré eux-mêmes et leur patrie, faire connaître, en même temps, au jeune lecteur les principaux faits historiques contemporains de ces hommes distingués, tel est le but de cette nouvelle Collection de Vulgarisation.

L'ÉDITEUR.

CARNOT & SON ŒUVRE

Le dimanche 3 septembre 1882, la ville de
Nolay célébrait l'inauguration de la statue de Carnot, acquittant ainsi envers le plus glorieux de ses
enfants la dette de la France.

L'illustre patriote est représenté debout, la main
droite appuyée sur un guéridon supportant une
carte développée : sur cette carte il montre du
doigt Wattignies. Une Victoire allégorique semble
s'échapper de ce point. L'attitude de Carnot est,
à la fois, fière et méditative. Il tient, en outre, de
la main gauche un compas ouvert.

La statue, coulée en bronze, mesure trois
mètres de hauteur : elle repose sur un piédestal
de quatre mètres, en pierre de Bourgogne, aussi
belle que le marbre. Ce piédestal est d'un caractère simple et sévère ; il ne porte sur sa face principale que cette inscription : A CARNOT, ORGANISA
TEUR DE LA VICTOIRE ; SOUSCRIPTION NATIONALE, 1882.
Au-dessus, dans un cartouche formant écusson
sur le couronnement du piédestal, sont gravées les
dates de la naissance et de la mort de Carnot :
1753-1823. Tout cet ensemble est supporté par six

larges gradins donnant, en même temps, accès à
une plate-forme entourée d'une balustrade (1).

Le monument est élevé sur le côté gauche de
la place de Nolay, laquelle porte aujourd'hui le
nom du grand ingénieur, en arrivant de la gare
par l'avenue, devant sa maison natale, qui appartient encore à l'un de ses petits-fils.

Le gouvernement de la République s'était fait
représenter à cette solennité par M. le général
Billot, ministre de la guerre. A ses côtés figuraient
MM. les généraux Schneegans, Berte, Pittié, M. le
général Guillemaut, sénateur, M. le colonel Riu.
Divers membres des deux Chambres du Parlement,
le préfet de la Côte-d'Or, les trois sous-préfets du
département, de nombreux maires et conseillers
généraux s'étaient, également, empressés d'appor-
ter le concours de leur présence à cette fête du
patriotisme et du dévouement.

Carnot est, en effet, une des gloires les plus
pures de la Révolution, et sa biographie fournit
une des plus belles pages de notre histoire. Son
nom personnifie la grandeur dans la simplicité, la
modestie dans l'héroïsme, le courage civique et
le dévouement au pays, non moins que le génie.

M. Henri Martin, de l'Académie française, a,
dans des termes émus, fort heureusement rappelé
les droits de ce grand homme à la reconnaissance
publique :

« .....Puisque M. le ministre de la guerre, a-t-il

_____

(1) L'auteur de cette belle statue est M. Rousseau. L'ensemble
est de M. Deglane, jeune architecte pensionnaire de l'Académie
de France à Rome.

dit, veut bien m'appeler à cette tribune, qu'il soit permis au vieil historien qui a passé sa vie à étudier, à remettttre en mémoire les gloires de la France, qu'il lui soit permis d'exprimer sa joie de voir cette journée de réparation avant de mourir ! Il y a cinquante ans que nous l'attendions ! C'était au lendemain du jour où reparut le drapeau tricolore, après une éclipse de quinze années ; c'était au lendemain du 29 juillet que la statue du grand Carnot eût dû être érigée sur cette place !

» Comment l'homme dont le nom remplissait tous nos livres, était dans toutes les mémoires et dans toutes les bouches, comment cet homme n'a-t-il pas eu plus tôt son image en bronze et en marbre consacrée par la reconnaissance nationale ?

» Son nom était-il donc débattu, contesté parmi nos orageuses controverses politiques ? Non ; quoique associé, sous la pression d'événements extraordinaires, à des noms tour à tour admirés et maudits dans la dictature révolutionnaire, son nom a toujours été mis à part dans le sentiment public.

» Les partis eux-mêmes se sont tus devant lui. Au jour le plus violent de la réaction thermidorienne, quand on proscrivait ses collègues, ses collaborateurs même les plus irréprochables, des réacteurs le désignèrent à son tour. Une voix, c'était celle du généreux Lanjuinais, éclata sur les bancs de la Convention : Oseriez-vous porter la main sur l'organisateur de la victoire ?

» Tous rentrèrent dans le silence.

» Quelle a été la raison de cette popularité sans engouement, sans emportement et sans retour, profonde, universelle, indestructible, de cette popularité qui lui a fait attendre sa statue près d'un siècle, mais qui lui avait conquis le respect unanime dès les premiers jours?

» La raison n'en a pas été seulement l'immensité des services, mais la physionomie, le caractère, l'ensemble de la personne et de la vie.

» Il avait les idées, et non les formes de son temps, les principes et les fortes croyances de Rousseau, sans rien des habitudes déclamatoires où étaient tombés les disciples de Rousseau, déclamations qui, pourtant. il faut bien le dire, ne s'évaporaient point en paroles, mais se traduisaient en actes dont la grandeur a été l'admiration et l'effroi du monde. Lui, il avait la grandeur des actes sans l'exagération du langage.

» Son austérité sans rudesse, sa douceur grave chez un si grand guerrier, une allure si peu militaire, ses goûts de retraite et de science, ses mœurs de famille, la simplicité qu'il portait en toute chose, tout en faisait un homme à part, un de ces hommes de Plutarque dans lesquels on n'a voulu voir que des types de convention et qui néanmoins se réalisent quelquefois pour l'honneur de l'humanité.

» .... Cette statue représente Carnot méditant le plan de l'immortelle campagne de 93, de cette campagne où il va en personne délivrer la Flandre à Wattignies et où il envoie Hoche délivrer l'Alsace à Reischoffen, au Galsberg. à Wissembourg.

ces lieux témoins des triomphes de nos pères et de nos calamités.

» Carnot avait deviné le génie de ce jeune héros dont la mort prématurée a été peut-être le plus grand de nos malheurs, et par ce qu'elle a empêché Hoche d'exécuter, et par ce qu'elle a rendu possible à un autre de faire.

» Carnot avait aussi deviné le génie militaire de cet autre ; mais il n'avait pas deviné son funeste génie politique.

» A l'heure où Napoléon nous faisait perdre ce que Carnot nous avait donné, Carnot reparut pour défendre encore une fois la France ; il se retrouva le même à Anvers qu'à Wattignies, l'homme du devoir, qui, hélas ! ne put réparer le mal fait par l'homme de la passion personnelle et de l'ambition sans frein.

» Pourtant, son œuvre et celle de ses grands contemporains avait été si forte, les traces de leurs grandes actions étaient si profondes, que rien n'a pu les effacer et que la France de la Révolution s'est toujours relevée des plus terribles revers. »

Il appartenait à M. Hippolyte Carnot, qui assistait avec sa famille à cette solennité touchante, de parler de la vie privée de son illustre père. Sa courte allocution a produit une impression profonde :

« Un rare bonheur m'a été réservé : celui de vivre assez longtemps pour voir cette journée. J'ai pu saluer l'image de mon père dans sa ville natale. devant la maison où il fit l'apprentissage des vertus qui lui ont valu le respect et l'affection de ses concitoyens.

» Jamais le nom de fête de famille ne fut mieux mérité que par celle d'aujourd'hui : c'est un ancien habitant de Nolay qui rentre dans ses foyers, rappelé par ses amis après un long exil. Il revient dans cette Bourgogne, dans cette chère Bourgogne, terre de patriotisme à laquelle il ne cessa jamais d'appartenir, vers laquelle ses yeux se tournaient toujours, du fond de l'exil comme du sommet des grandeurs.

» L'homme public a trouvé tout à l'heure pour le louer des voix autorisées, des bouches éloquentes. Ceux qui ont parlé avaient acquis ce droit par des services éclatants sur le champ de bataille, dans les charges de l'État ou dans le cabinet d'études. J'ai écouté leurs discours avec émotion, mais il me reste une tâche également précieuse et que je revendique comme fils : celle de parler de l'homme privé, du père de famille. Celui-ci, je l'atteste, ne fut pas moins grand que l'autre.

» Lorsque des étrangers s'arrêteront devant cette statue et demanderont aux habitants de Nolay qui elle représente, les uns répondront : C'est un soldat qui servit la France dans les temps les plus difficiles et qui contribua à sauver l'indépendance nationale. D'autres diront : C'est un savant qui a agrandi le domaine de la science. D'autres : C'est un bon citoyen, un des fondateurs de la République. Moi, son fils, je vous prie de répondre d'une voix plus ferme encore : Ce fut un homme de cœur et un homme de bien ».

Un pareil homme méritait, assurément, que sa mémoire fût consacrée par les plus grands honneurs. La France, du reste, n'avait point oublié. La glorification, pour avoir été tardive, n'en a été que plus éclatante.

Esquissons, maintenant, la vie de Carnot, de ce grand patriote, de cet homme de bien, — de ce Carnot, dont un Allemand, l'historien Niebuhr, a dit : « Carnot est, en quelque sorte, le plus grand » homme de ce siècle ; sa vertu est d'une nature » exquise... S'il ne me restait au monde qu'un » morceau de pain, je serais fier de le partager » avec lui ! »

I.

LA JEUNESSE DE CARNOT

Son père, Claude Carnot, issu d'une des vieilles
familles de Nolay, y exerçait à la fois les fonctions
de notaire, de juge, d'avocat, et jouissait dans le
pays d'une autorité incontestée. De son mariage
avec Marguerite Pothier il eut dix-huit enfants,
quatorze garçons et quatre filles, dont sept seulement survécurent, parmi lesquels Lazare-Nicolas-
Marguerite, le futur héros de la Révolution. C'est
le dimanche 13 mai 1753 qu'il naquit. Son enfance
s'écoula dans la maison paternelle; puis, quand
arriva l'âge d'apprendre, son père l'envoya au collège des Oratoriens d'Autun et, de là, au séminaire. Il s'y fit remarquer, rapporte un de ses biographes, par son caractère sérieux et grave, souvent
hardi, animé d'une juvénile confiance en soi-même.
Il témoignait d'un goût ardent pour la philosophie
et les mathématiques. Les leçons austères de la
famille l'avaient marqué pour jamais, dès le début
de sa vie, de leur empreinte. Associé de bonne
heure aux habitudes laborieuses de ce tiers état
qui, devant la décadence des deux premiers ordres,
s'apprêtait silencieusement à conquérir la place
qui lui appartenait, le jeune homme puisait à
l'exemple paternel cette habitude de la réflexion,

cette simplicité d'existence, cette inflexibilité de principes qui, seules, font les âmes fortement trempées. Son enfance explique son existence entière.

A seize ans, il part enfin pour Paris. Deux ans plus tard, en 1771, après avoir fait ses études préparatoires à l'école de Longpré, où son mérite avait déjà attiré l'attention du célèbre géomètre d'Alembert, il entre à l'école du génie de Mézières, avec le grade de lieutenant en second. C'est là qu'il devait rencontrer Monge, dont l'amitié pour lui ne se démentit jamais. Illustres et heureuses rencontres qui furent l'aurore significative de son avenir ! Pourtant, malgré ses qualités, peut-être à cause de ses qualités mêmes, de son goût pour le travail et de l'indépendance absolue de ses opinions, il ne devait parvenir au grade de capitaine qu'à l'ancienneté. En 1793, à quarante et un ans, Carnot n'avait encore pu aller au delà. Tenant successivement garnison à Calais, au Havre, à Béthune, à Arras, il occupait ses loisirs forcés à l'étude des problèmes les plus ardus de la politique, de l'histoire et des sciences, se cherchant et se découvrant peu à peu lui-même, et se pénétrant consciencieusement de l'esprit nouveau. L'ancien régime ne pouvait que méconnaître un caractère de cette trempe : c'est ce qui explique l'obscurité relative où il vécut pendant dix-huit années. Pourtant, en 1783, il s'était subitement révélé par un *Éloge de Vauban*, cet homme de génie qui n'était pas seulement l'auteur d'un nouveau système de fortifications, mais qui avait écrit la *Dîme royale*. Ce livre, où il dépeignait la misère du peuple et cherchait à la soulager, avait effacé ses services aux yeux de Louis XIV et lui avait attiré une disgrâce sur laquelle le roi-soleil ne devait point revenir : il est vrai que plus tard, sous l'impulsion puissante des idées humanitaires développées par les encyclopédistes, les grands seigneurs du XVIII° siècle allaient eux-mêmes, par un retour inconscient autant qu'imprévu, se piquer de philanthropie et se montrer volontiers partisans des réformes, à la condition qu'ils n'eussent pas à en souffrir. L'*Éloge de Vauban* donna à Carnot une certaine notoriété, et l'auteur fut couronné, en pleine académie de Dijon, par le gouverneur de la Bourgogne, le prince de Condé, celui qui devait, plus tard, commander l'armée des émigrés. Les hasards de la politique offrent souvent de ces contrastes piquants.

Carnot se révèle déjà tout entier dans ce premier ouvrage. On y retrouve surtout, à chaque page, sa note caractéristique : l'humanité. Ce mathématicien, cet ingénieur, ce tacticien formaliste et inflexible est, au fond de son âme et sans qu'il s'en rende peut-être bien compte, un disciple de J.-J. Rousseau. Ses *Mémoires* de famille, publiés depuis par son fils, nous le montrent, il est vrai, à peine arrivé à Paris, gravissant, un jour de vacances, les quatre étages du philosophe genevois; mais la seule lecture de ses écrits suffit à nous démontrer jusqu'à quel point il s'était imprégné de son modèle; aussi a-t-on pu dire avec raison qu' « il en porte la marque jusque dans la sécheresse de ses rapports d'affaires ». L'*Éloge de Vauban* nous le montre, dès le premier jour, sous cet aspect généreux. Son rêve, qui ne devait se réaliser que lorsqu'une société nouvelle aurait surgi sur les débris de l'ancienne, c'était l'extension indéfinie du bonheur de tous les citoyens dans l'État par le travail et la justice. « Quel doit être l'objet du » gouvernement, écrivait-il, sinon d'obliger au » travail tous les individus de l'État? Et comment » les y déterminer, si ce n'est en faisant passer » les richesses des mains où elles sont superflues » dans celles où elles sont nécessaires; en four- » nissant à l'un les moyens de travailler, en pri- » vant l'autre des moyens de rester oisif? Mais, » lorsque des impositions produisent un effet » contraire, lorsqu'elles ôtent à celui qui a trop » peu pour donner à celui qui a trop, lorsque » l'opulence est un titre d'exception, lorsqu'on » arrache au pauvre cultivateur le pain trempé de » sueur qu'il allait partager avec ses enfants, que » doit-on attendre de ce monstrueux système si » ce n'est de dépeupler les campagnes, semer la » haine et la jalousie entre les citoyens? » Le même but humanitaire se fait jour jusque dans la partie technique de son livre. Pour lui, la gloire militaire consiste non pas dans l'attaque triomphante, mais bien dans la protection victorieuse des droits menacés. Dans la défense même, il exige, comme Vauban, l'emploi « des voies les moins sanglantes ». Il fait de la modération, de l'honnêteté les premières vertus du soldat : « Aux » yeux du militaire philosophe et citoyen, son » état n'est pas celui de la licence et des passions :

» c'est celui de la peine, des sacrifices, de la pri-
» vation, de l'austérité ». Nobles et belles paroles,
qu'on a trop oubliées aujourd'hui !

Mais son idée fondamentale, celle qu'il mûris-
sait pendant les veilles de sa garnison, c'était de
donner à la France une forte armée nationale qui
pût remplacer efficacement les milices merce-
naires levées pour le compte du roi. En 1788,
dans un *Mémoire au comte de Brienne,* il propo-
sait de ne conserver sous les armes, en temps de
paix, que le tiers des 300.000 hommes qui for-
maient alors l'armée française. Cette armée permanente aurait été comme une grande école
militaire, où chaque soldat eût passé à son tour :
et à ceux qui lui objectaient qu'il fallait des
« soldats anciens », lesquels rendent seuls de
« vrais services », Carnot répondait, avec raison,
que « le soldat ancien est celui qui a fait la guerre.
» Celui qui n'a fait que pirouetter sur une espla-
» nade pendant huit ans est aussi nouveau que
» celui qui pirouette depuis six semaines ». Il
souhaitait, de plus, que les communes eussent
l'initiative et la responsabilité du recrutement ; il
voulait les intéresser aussi à ne choisir que des
jeunes gens solides et de bonnes mœurs et les
piquer d'une patriotique rivalité à qui d'entre
elles enverrait les plus belles recrues. Enfin, il ne
croyait pas que les hommes mariés fissent de
mauvais soldats, bien au contraire. « Le sort
» d'une armée composée de pères de famille inté-
» resserait, disait-il, le patriotisme bien plus qu'une
» troupe de célibataires et de gens pour la plupart

» mal choisis..... Les hommes mariés mettraient
» dans leurs conditions que, en cas de mort, on
» prendrait soin de leurs femmes et de leurs
» enfants..... » Cette idée, il la mettra plus tard
en pratique quand la patrie sera en danger, alors
qu'il proposera l'armement du peuple entier, qu'il
organisera quatorze armées et régularisera la levée
en masse. Son principe, en un mot, est que tout
citoyen soit soldat, « tous par devoir, aucun par
métier ». « Ainsi, ajoute-t-il, disparaîtra ce germe
» de division qu'on cherche à semer entre les
» soldats citoyens et les citoyens soldats ». Mais
il veut, en même temps, que la nation armée soit
instruite de ses droits, capable de comprendre et
de discuter ses affaires; l'instruction universelle
est donc, pour lui, le fondement nécessaire de
l'armement général de tout le peuple. Quant à la
question, de nos jours encore si débattue, de
l'obéissance militaire stricte, Carnot croit pouvoir
fixer une limite à cet impérieux et délicat devoir;
il soutient que le soldat en face de l'ennemi doit
à ses chefs une obéissance passive, mais que
partout ailleurs le soldat est une personne morale
douée de discernement et responsable de ses actes.
A notre armée ainsi reconstituée il offre, pour
appui ou pour refuge, la chaîne savamment
constituée de nos places fortes. Quand le gouvernement de Louis XVI se propose d'en démolir
ou d'en laisser tomber en désuétude un certain
nombre, il plaide leur cause avec passion; il
pense, comme Montecuculli, qu'elles sont « les
ancres des empires ». De même que Dumouriez,

il regarde les solides barrières de pierres créées par Louis XIV comme de beaucoup préférables pour la défense à la fameuse limite du Rhin, qui « n'est bonne que sur la carte » !

Un pareil exposé d'idées constituait, pour l'époque, une nouveauté dangereuse : on conçoit quel accueil fut fait au novateur. L'adhésion qu'il donna, — presque seul dans le corps du génie, — aux travaux du marquis de Montalembert, — un autre réformateur également mal noté, — sur l'art des fortifications, fit déborder l'indignation intéressée de ses chefs : on prétexta d'un duel, accepté sans permission, pour le jeter dans la prison militaire de Béthune. Il fallut, cependant, l'en tirer lors d'une visite du prince Henri de Prusse dans nos places fortes du Nord, Carnot ayant été attaché à sa personne pour lui servir de guide. Ce jour-là, Béthune illumina ; la carrière politique du capitaine Carnot était faite. C'est à cette époque qu'il se maria ; il épousa la belle-sœur de son frère cadet, Carnot-Feulins, également capitaine du génie à Saint-Omer. Tous les deux furent élus à l'Assemblée législative par leurs villes de garnison respectives. L'histoire particulière de Carnot est, à partir de cette date, l'histoire même de la Révolution. Il avait alors trente-huit ans.

II

L'ORGANISATION DE LA VICTOIRE

A Paris, au moment où Carnot y arrive, tout est en suspens. Ce n'est déjà plus la monarchie, mais ce n'est pas encore la République. Les meilleurs esprits politiques hésitent au milieu d'un pareil désarroi ; aux frontières, la guerre menace de toutes parts. Le nouveau député de Béthune se tient sur la défensive : il ne paraît pas plus aux séances des jacobins que chez les Roland ou que dans les salons de Condorcet. « Je ne veux être d'aucun parti ! » déclare-t-il fièrement à la tribune, entendant par ces paroles qu'il ne veut être que républicain et ne se donner à aucune coterie. Son rêve généreux l'absorbe tout entier : c'est au relèvement et à l'émancipation de son pays qu'il consacrera désormais tous ses efforts.

Tout d'abord, l'émigration, qui va soulever l'Europe contre nous et ouvrir à l'invasion la terre française, l'indigne. « Quiconque, déclare-t-il, abandonne la mère patrie pour aller lui chercher des ennemis à l'étranger est un traître, contre lequel on ne saurait trop sévir ! » Cependant, il importe de combler au plus tôt les vides qui se produisent dans les rangs de l'armée. Membre du comité de la guerre, il songe sur-le-champ à la réorganiser. Il en élimine les officiers émigrés, qu'il remplace par des sous-officiers, et fait donner des piques aux soldats qui n'avaient pas de fusils. C'est l'heure où l'Assemblée vient de déclarer la guerre à l'Autriche, après avoir hautement proclamé ce principe nouveau : que « la France ne veut nulle conquête, qu'elle n'attaque la liberté d'aucun peuple » ; révolution véritablement immense dans l'idée et, par suite, dans les faits, que Merlin de Thionville résume dans une formule d'une concision grandiose : « Votons la guerre aux Rois et la paix aux Nations ! » L'émancipation du genre humain va passer du domaine spéculatif de la pensée dans celui du fait accompli.

Au milieu de cette surexcitation généreuse des esprits, Carnot se tait. Soldat de l'idée, il se recueille et mûrit son plan. Ce plan va jaillir soudain de son cerveau, avec un caractère d'unité persistante dont rien, dorénavant, ne pourra le détourner. De 1791 à 1814, tous ses actes constitueront un enchaînement logique et réfléchi, sans que l'on puisse lui reprocher, dans leur mise à exécution, ni un oubli ni une faiblesse. Certes. il est bien véritablement un *organisateur.* Sur ce point, il faut le reconnaître, amis et ennemis, républicains et royalistes (j'entends les gens de bonne foi), sont unanimes. Le commissaire aux armées de l'Est, des Pyrénées et du Nord, devenu en août 1793 membre du Comité de salut public, *chargé de l'organisation des armées et de la direction de leurs mouvements,* fut véritablement un dictateur militaire ; il le fut une seconde fois, en

1795, comme membre du Directoire ; il en assuma la responsabilité dans des circonstances terribles et désastreuses pour le pays : il n'est que juste de lui en attribuer la gloire, et le mot de Lanjuinais passera à la postérité : « *Il organisa la victoire !* »

Serait-il possible, en effet, de refuser ce glorieux témoignage à l'homme qui, avec l'aide de Lindet et de Prieur (de la Côte-d'Or), parvint à créer *effectivement* quatorze armées avec les bandes incohérentes de la réquisition et de la levée en masse ; qui, manquant de chefs, les tirait des rangs des sous-officiers et qui, après avoir pressenti, dévoilé, déjoué la trahison de Dumouriez, devinait le génie du sergent Hoche et en faisait un général en chef ; à l'homme sous la puissante impulsion duquel on fit des canons avec le métal des cloches, on tira le salpêtre des caves et des étables, on fabriqua à Paris plus de mille fusils par jour, on tira des rêves de la télégraphie aérienne une réalité ; à l'homme qui, au milieu d'une formidable besogne, trouvait le temps de contribuer puissamment à la création de l'École polytechnique, du Muséum, du Conservatoire des arts et métiers ?....

Et si à côté de *l'organisation* proprement dite des armées on l'étudie dans la seconde partie de sa tâche, la *direction*, l'admiration augmente encore quand on le voit faire les plans de campagne pour les armées, ordonner et surtout coordonner tous leurs mouvements, approprier les règles de la stratégie et de l'art militaire à la nature des soldats dont il disposait, faire tout par lui-même, écrire de sa propre main aux généraux, diriger la campagne de 1793 sur la Meuse, en 1794 celle de Pichegru et de Hoche, envoyer ce dernier en Vendée, Moreau et Jourdan sur le Rhin, Bonaparte en Italie, en 1796, avec le plan de la première partie de la campagne !

Et quand le danger est pressant, quand l'invasion est menaçante, l'homme de cabinet devient immédiatement un homme d'épée, l'organisateur se montre soldat, le dictateur passe sans transition de son bureau au champ de bataille ; c'est le soldat de Furnes, le vainqueur de Wattignies, le défenseur d'Anvers !

Ce qui a fait la force des conceptions stratégiques de Carnot, c'est, précisément, leur côté *humain*. L'illustre tacticien connaît à fond les hommes, leur facilité à s'enthousiasmer, comme aussi leur non moins grande facilité à se décourager : il veut donc réagir contre cette mobilité excessive, et rétablir l'équilibre moral. Mais comment atteindre ce but ? Il revient de nouveau à l'idée qu'il a depuis si longtemps défendue :
» L'esprit de nos soldats, dit-il, est essentiellement
» mobile, sujet aux découragements comme aux
» enthousiasmes, à l'héroïsme comme à la pa-
» nique. L'impétuosité est une qualité précieuse,
» mais elle a ses intermittences. Il faut à nos
» soldats des repos de corps et d'esprit. » Ce double repos, l'armée le trouvera dans les places fortes, en même temps qu'une protection contre les revers. Carnot demande seulement que

les citadelles ne tournent point contre l'intérieur de la ville des remparts menaçants pour
les citoyens, inoffensifs pour l'ennemi. En même
temps, il conseille aux généraux assiégés de
faire servir à leur défense tout ce que la nature
ou le hasard a placé autour d'eux : « Les igno-
» rants, ajoute-t-il, sont grands destructeurs de
» faubourgs, grands noyeurs de campagnes,
» tandis que les gens instruits sont grands con-
» servateurs. Au lieu de détruire les faubourgs.
» ils en font des postes avantageux à la défense
» même de la ville. » Lui-même, du reste, devait
se charger de la démonstration pratique de cet
axiome quand, plus tard, il défendit victorieusement Anvers. Ce n'est pas tout : il veut qu'on
laisse au soldat français son antique et original
caractère, une certaine indépendance d'allures
sans laquelle son élan traditionnel se trouvera
glacé et, par conséquent, annihilé. « En vain,
» répond Carnot à ceux qui lui vantent outre
» mesure la rigoureuse discipline prussienne, en
» vain essayerez-vous de courber le Français sous
» le joug de la discipline du Nord, au lieu de vous
» attacher à perfectionner ses qualités natu-
» relles, à profiter de son intelligence et de sa
» vivacité. Vous étoufferez son génie particulier,
» pour l'affubler d'un caractère factice qu'il ne
» pourra soutenir dans l'occasion et dans lequel
» il sera toujours inférieur aux peuples dont ce
» caractère est emprunté. » Avec des soldats et
des chefs nourris de ces maximes, formés par ces
méthodes, Carnot ne croit pas qu'aucune puis-

sance de l'Europe vienne impunément défier son pays.

Si la France ne peut lui donner que des conscrits, que des paysans timides et gauches qui n'auront pas encore vu le feu, il les lancera par grandes masses sur les points les plus faibles de l'ennemi, que son coup d'œil expérimenté a discernés tout d'abord : il remplacera l'expérience des vieilles troupes par la marche irrésistible en avant, la solidité et la patience par la promptitude et la variété des allures. Il hésitera d'autant moins à user de ces énergiques mesures que, pour lui, « la guerre est essentiellement défensive » et qu'il importe d'en hâter la fin pour assurer la paix. Au besoin, d'ailleurs, il saura prendre des offensives terribles. « Voulez-vous être victorieux » comme on l'est partout ailleurs ? écrit-il aux » chefs de l'armée du Rhin. Attaquez l'ennemi » tous les jours, matin et soir ..... Soyez atta- » quants, sans cesse attaquants !.... » Il écrit encore à un autre général : « Attaque sans cesse » et toujours avec des forces dominantes, en » frappant à l'improviste tantôt sur un point, » tantôt sur un autre... Nous n'aimons pas qu'on » nous dise que tel poste faible a résisté à l'atta- » que d'un corps beaucoup trop considérable. » Cela prouve toujours l'ignorance, ou le défaut » de vigilance ». Tels sont les principes que Carnot a su, pour la première fois, dégager des travaux de ses devanciers et pour lesquels Dumouriez, qui s'y connaissait, n'a pas craint de lui accorder le titre de « créateur du nouvel art mili-

taire en France », tandis qu'il n'attribue à
Bonaparte que le mérite du perfectionnement. Il
est certain qu'il y eut dans cette inspiration subite
a révélation d'une force jusque-là méconnue,
dont la mise en œuvre modifia profondément les
données de la science stratégique. Les lois de la
guerre ont pu changer encore depuis, avec la
transformation de l'armement : mais, ce qui n'a
point changé, ce qui ne changera pas, c'est,
comme l'ont remarqué ses biographes, le principe
victorieusement appliqué par Carnot, que, pour
réussir à la guerre, il importe, avant tout, de se
pénétrer de l'esprit des hommes qu'on a dans la
main, d'en étudier les passions, le fort et le faible,
et, au lieu de les asservir inconsidérément à des
procédés étrangers, de chercher les méthodes
propres à leur caractère, à leurs dispositions et à
leurs ressources. Voilà ce que Carnot a démontré
le premier, voilà la « création » qui lui est
propre. Elle suffirait à sa gloire.

Nous venons de parler du théoricien : passons
à l'homme d'action.

La première mission qu'on lui avait confiée
avait mis en relief son caractère intègre et résolu.
Il s'agissait de l'enquête relative à la révolte du
corps d'armée de Dillon. Carnot la dirigea avec
autant de tact que de patriotisme : il s'efforça de
relever le moral des troupes, en même temps
qu'il demanda et obtint une pension pour la veuve

de l'infortuné général. Élu. peu après, l'un des douze commissaires que l'Assemblée envoya aux armées, le 10 août, à la chute définitive du pouvoir royal, il partit pour l'armée du Rhin avec Coustard et Prieur (de la Côte-d'Or). Ils avaient mission d'exiger des autorités civiles et militaires leur franche et loyale adhésion au nouvel ordre de choses qui commençait, ou leur démission immédiate. Reçus avec acclamations aux camps de Biron, de Kellermann et de Custine, ils durent sévir dans ceux de Victor et de Joseph de Broglie, dans celui de Caffarelli, qui se soumit, du reste, bientôt après : ils n'hésitèrent point à destituer les officiers qui ne voulaient point reconnaître la déchéance du roi et, parmi eux, Rouget de l'Isle, l'auteur même de la *Marseillaise*. A Strasbourg, la lutte fut vive. Treize membres du Conseil départemental ayant mis des restrictions à leur obéissance, ils furent immédiatement suspendus de leurs fonctions, ainsi que le procureur général syndic, et remplacés par autant de membres tirés du club des jacobins. Le Conseil municipal et le maire Dietrich promirent de servir la patrie sans réserve. De là, Carnot se rendit à Lyon. Ce fut pendant son séjour dans cette ville qu'eurent lieu les troisièmes élections générales. Cette fois encore, le département du Pas-de-Calais nomma Carnot député à la Convention.

Le 21 septembre 1792, la République était enfin décrétée aux salves des canons qui célébraient la victoire de Valmy. Deux jours après, l'Assemblée désignait six de ses membres pour aller aux

Pyrénées refaire, ou plutôt créer l'organisation
militaire de cette région. Carnot, que son attitude
énergique sur le Rhin avait mis en pleine lumière,
fut chargé de la direction de cette nouvelle mission. Il partit donc pour Bayonne avec Garrau
(de Sainte-Foy) et Lamarque. Tout manquait,
artillerie et munitions, vivres et habillements. Il
fallut organiser la garde nationale, relever les for-
teresses qui s'écroulaient, créer une légion des
montagnes, restaurer les hôpitaux et les casernes,
établir une école d'artilleurs, étudier à fond l'état
du pays, ses ressources et ses besoins, même son
industrie et son agriculture. L'éclatant résultat de
cette mission prit les proportions d'un événement.
Carnot, dans le remarquable rapport qu'il adressa
à la Convention, entrait dans les moindres détails
relatifs au bien-être des populations qu'il visitait,
ne se bornant pas au souci des choses militaires,
mais se préoccupant encore de l'instruction de la
jeunesse, de l'exacte répartition de la justice et
de l'allégement de l'impôt. Sur cette dernière
question, il va reprendre la thèse déjà soutenue
par lui, neuf ans auparavant, dans son *Éloge de
Vauban* : « Une vérité frappante en matière de
» subsides, écrit-il cette fois encore, c'est que
» la contribution doit être proportionnelle non
» pas à la fortune des citoyens, mais à leur superflu.
» Il n'y aura ni justice ni égalité tant que, pour
» payer l'imposition, il faudra que l'un donne le
» quart de sa subsistance, tandis que l'autre en
» sera quitte pour avoir un laquais de moins.
» Soyez certains que les agitations du peuple n'ont

» jamais, au fond, qu'un seul but, celui de se
» délivrer du fardeau des impositions, et que
» les raisonnements les plus subtils ne l'étour-
» diront pas sur ce principe, que celui-là ne doit
» rien qui n'a pas le strict nécessaire. » Et plus
loin, nous trouvons également cet aveu qu'aujour-
d'hui, plus que jamais, il importe de retenir :
« Citoyens, nous vous avons rarement écrit sans
» vous parler des besoins de l'instruction pu-
» blique. Une génération nous suit, dont l'édu-
» cation est abandonnée depuis trois ans. Pour
» peu qu'on tarde encore, elle ne sera plus en
» état de jouir du bienfait de la liberté. Déjà, de
» nouveaux préjugés semblent prendre la place
» de ceux qu'on a détruits... L'éducation natio-
» nale peut seule inspirer l'amour ardent et éclairé
» de la patrie, la piété filiale, le goût de la sim-
» plicité, le sentiment de la bienveillance et le
» respect pour les mœurs. » On conçoit quels
applaudissements unanimes accueillirent, au sein
de la Convention, ce magnifique et patriotique
langage.

C'est alors que Carnot, investi par ses collègues
d'une confiance toujours croissante, fut envoyé en
inspection dans le Nord. La situation y était cri-
tique : Dumouriez venait de trahir, et son armée
était dans un désarroi complet. Après avoir rétabli
la discipline et installé deux camps, l'un à Gyvelde,
l'autre sur le mont Cassel, pour protéger Dun-
kerque et assurer les communications entre cette
place et Lille, le représentant en mission veut
encore relever l'esprit des troupes par un succès

immédiat : il ordonne l'assaut de Furnes, et l'en-
lève après avoir subi pendant deux heures un feu
meurtrier (31 mai 1793). Cette persistance d'éner-
gie heureuse, alors que tous les autres généraux
opérant dans la région hésitaient ou se laissaient
abattre, décida le Comité de salut public à prendre
un grand parti : le 14 août suivant, il s'adjoignait
Carnot avec le titre de Directeur de la guerre. On
peut dire que la France et la République repo-
saient, à cette heure, entre ses mains : ce fut la
période la plus glorieuse de sa vie. La patrie semblait perdue ; lui seul ne désespéra point et la
sauva. Les victoires successives de Roncq, de
Tourcoing et d'Hondschoote eurent pour suprême
couronnement Wattignies (15 octobre). Le lendemain même de cette dernière journée, Carnot
revenait à Paris reprendre, dans les bureaux du
Comité, son travail de direction générale. Son
infatigable coup d'œil embrasse désormais l'ensemble des moindres opérations : il trace les
grandes lignes de chacune, aujourd'hui pour l'Escaut, demain pour le Rhin, un autre jour pour
les Pyrénées, pour les Alpes, pour la Vendée,
s'en reposant au sujet des détails du moment sur
l'inspiration et sur la bonne fortune des généraux
qui exécuteront ses ordres. C'est ainsi que cet
homme vraiment extraordinaire réussit à lutter
victorieusement tout à la fois et contre l'Europe
coalisée et contre de nombreux départements
révoltés. Avant la séparation de la Convention,
Carnot eut la joie de lire à ses collègues le compte
rendu enthousiaste des triomphes que son génie

avait su préparer. En voici le merveilleux bilan : 27 victoires, dont 8 en bataille rangée; 120 combats de moindre importance ; 80,000 ennemis tués; 91,000 prisonniers; 116 places ou villes importantes prises, dont 6 après siège et blocus; 230 forts ou redoutes enlevés; 3,800 bouches à feu, 70,000 fusils, 1,900 milliers de poudre, et 91 drapeaux en notre pouvoir! Ces deux années, 1793-1794, sont devenues pour toujours les deux années immortelles de sa longue vie. Il serait injuste, toutefois, de ne point rappeler ici la part que prirent à l'organisation de nos forces militaires deux de ses principaux collaborateurs : Pache, qui débrouilla le chaos de nos premières recrues, et Dubois de Crancé, qui présenta le premier plan d'une véritable armée nationale. La part de Carnot, chargé de recruter le personnel et de présider aux mouvements des troupes en campagne, est assez large pour ne point permettre d'oubli.

ROLE POLITIQUE DE CARNOT

L'attitude de Carnot à la Convention doit être remarquée. Se tenant, comme il le disait lui-même, en dehors des partis, il ne recula jamais devant les mesures qui lui paraissaient commandées par la justice. C'est pour cette raison qu'il crut devoir motiver son vote dans le procès de Louis XVI. « Jamais, je l'avoue, déclara-t-il, » devoir ne pesa plus sur mon cœur; mais je » pense que, pour prouver votre attachement aux » lois de l'égalité, pour prouver que les ambitieux » ne vous effrayent point, vous devez frapper de » mort le tyran ». A ce sujet, disons que dans ses papiers on a retrouvé la note suivante, encore plus significative : « En tous pays, on condamne » ceux qui conspirent contre l'État. Les souve- » rains ne font-ils pas mettre à mort ceux qui » conspirent contre eux ? Le peuple, le vrai sou- » verain, n'aurait-il pas le même droit ? Le mani- » feste de Brunswick a été l'arrêt de Louis XVI. » Les choses en étaient venues au point qu'il » fallait que le roi pérît, ou la Convention et la » France avec elle ». On voit que Carnot, au déclin de sa vie, n'avait pas cru pouvoir modifier son jugement sur cet émouvant épisode. riposte terrible jetée par la France mise aux abois à l'Europe coalisée. Membre du Comité de salut public, il n'a pas eu d'autre règle que l'intérêt de la République. Tout au plus pourrait-on seulement lui reprocher d'avoir donné, sans exercer un contrôle assez sévère, sa signature à des actes dont il s'est vu, par suite, contraint de porter la solidarité; mais il était absorbé par les questions et, surtout, par les opérations militaires. Ses contemporains jugèrent l'excuse suffisante puisque Carnot, sortant de la Convention, fut renvoyé au Conseil des Anciens par quatorze départements! Ce fut le premier plébiscite qu'on eût vu en France. Celui-là, du moins, fut désintéressé et loyal.

Peu de jours après, sur le refus de Siéyès de siéger au Directoire, Carnot se voyait nommer Directeur et chargé de nouveau des opérations militaires. Tout était retombé dans l'anarchie, tout était à refaire. Il commence par confier le commandement de l'armée d'Italie à Bonaparte, qu'il avait remarqué depuis l'affaire de Toulon et placé dans ses bureaux. Il lui communique son plan, que le jeune général adopte. Déjà, du reste, Carnot avait tracé à Schérer, dans une lettre célèbre, les grandes lignes du plan que Bonaparte promettait d'exécuter. L'Autriche devait être attaquée à la fois du côté de l'Allemagne et du côté de la Lombardie; trois grandes armées, n'en formant pour ainsi dire qu'une seule qui aurait eu pour aile droite l'armée d'Italie, pour centre l'armée du Rhin et pour aile gauche l'armée de Sambre-et-Meuse, devaient marcher de concert sur

l'ennemi. « Frappez et marchez vivement, écri-
» vait-il à Bonaparte. Agissez avec la rapidité de
» l'éclair ». On sait quel fut le résultat foudroyant
de cette incomparable campagne.

Mais l'heure des revers allait, enfin, sonner
pour Carnot. Il n'est point de grand homme complet sans infortune. L'illustre tacticien allait se
montrer aussi digne en présence de l'adversité
qu'il s'était montré simple aux jours du triomphe.

Quand éclata le premier coup d'État militaire
du 18 fructidor, Carnot dut quitter la France
pour éviter d'être arrêté et se réfugier en Suisse,
puis en Allemagne, où il demeura jusqu'au 18 bru-
maire, qui lui rouvrit le sol natal. Ici se place un
incident qui mérite d'être rapporté. En 1796 seulement, cet homme qui avait tant de fois sauvé
la patrie passait chef de bataillon *à l'ancienneté!*
Or, en 1799, on le nomme inspecteur général aux
revues : il n'en reste pas moins simple chef de
bataillon. En vain le major-général Berthier adresse
un rapport spécial au premier consul pour lui
rendre compte des services remarquables de
Carnot et lui demander de l'élever au grade de
général de division; la proposition n'est point
agréée. C'est ainsi que Bonaparte payait sa dette
de reconnaissance envers celui qui, quatre ans
auparavant, l'avait tiré seul de son obscurité!
Trop impérieux pour subir la fierté et l'indépendance de cet illustre citoyen, le premier consul
n'hésita point devant cette injustice. Pourtant,
au commencement de l'année 1800, voyant que,
pour la troisième fois, tout était à refaire dans

l'organisation de nos armées, il lui faisait offrir par Lebrun le portefeuille de la guerre. N'écoutant que la voix de son patriotisme, Carnot accepta : mais il se vit contraint de démissionner aussitôt après Hohenlinden et Marengo. Il se retira à Saint-Omer, chez les parents de sa femme. Toutefois, il ne put se dérober longtemps à ses concitoyens, qui le portèrent sur la *liste nationale* dans laquelle le Sénat devait, chaque année, élire vingt membres du tribunat : la haute Chambre fut bien obligée d'élire Carnot, pusqu'il se trouvait sur cette liste. Après la suppression de ce corps, il rentra de nouveau dans la vie privée jusqu'en 1813.

Tel est le bref résumé du rôle politique joué par Carnot. On est en droit d'affirmer que, même en se reportant aux temps extraordinaires où il vécut, il y a eu peu d'existences aussi tourmentées. Et pourtant, quand on scrute impartialement les motifs de ses actes, motifs aujourd'hui bien connus, on reconnaît pleinement qu'il agit toujours sous l'impulsion de deux sentiments qui remplissaient son cœur : un ardent patriotisme, et l'amour profond de la légalité. Le patriotisme, cela résulte évidemment de l'exposé qui précède. Quant à l'amour de la légalité, c'est lui qui lui fit condamner, au 31 mai, la mort des girondins ; qui lui fit défendre Danton au péril de sa vie ; combattre la Constitution de l'an III quand on la discutait, et la défendre avec un dévouement absolu quand elle fut décrétée ; refuser, en 1797, de conjurer les conspirations royalistes en sortant des limites de cette Constitution par le coup d'État de fructidor ; refuser, en 1801. de suivre Bonaparte dans la voie qui conduisit à l'Empire et à l'invasion; s'opposer, membre du tribunat, à la création de la Légion d'honneur et du Consulat à vie. et seul voter ouvertement contre l'établissement de l'Empire.

Éclairés de cette lumière, tous les actes de sa vie politique s'expliquent d'eux-mêmes sans qu'il soit besoin de commentaires, et l'on comprend alors comment il se fait que, seul de tous ceux qui, sous la pression d'événements inouïs, firent partie de la dictature révolutionnaire, son nom fut toujours mis à part et universellement respecté. Enfin, la vie privée d'un tel homme ne saurait être indifférente à l'histoire. Elle fut en tout point digne de sa vie publique et peut se résumer en quelques mots : Simplicité, gravité austère, désintéressement absolu. Ses types préférés étaient Phocion et Franklin, et il avait le bon sens du second et la vertu du premier : comme lui, homme de guerre, il aimait profondément la paix ; pour lui, l'état militaire n'était pas une profession, mais une fonction civique ; pour lui, la guerre défensive était la seule légitime.

Carnot a donc été un homme de bien dans l'acception la plus large du mot, et M. le général Billot a eu raison de s'écrier, au pied de la statue de Nolay : « Puisse cette grande figure, dans » les temps difficiles que nous traversons, servir » de symbole aux républicains et aux Français, en » leur rappelant les sacrifices qu'il faut savoir faire » en vue de l'union ! Il faut tout subordonner à » l'intérêt de la patrie, au culte de la France ! »

IV

OEUVRE SCIENTIFIQUE DE CARNOT

Un trait qui caractérise mieux que tout autre l'activité exceptionnelle de cet incomparable esprit, c'est que Carnot, au milieu d'une vie aussi agitée, trouvait encore le temps d'écrire des mémoires scientifiques d'une originalité et d'une valeur incontestées. Nous ne parlons plus ici, bien entendu, d'études spéciales sur l'art militaire, telles que son *Traité de la défense des places*, mais bien d'œuvres de science pure, de mécanique et de géométrie, lesquelles lui ont assuré, elles aussi, une place durable dans l'histoire des progrès de l'esprit humain. Là encore il a pu être regardé, à certains points de vue, comme un précurseur. Aussi ne faut-il pas s'étonner que l'Académie des sciences ait tenu, en 1796, à compter Carnot parmi ses membres; elle l'appela dans sa section de mécanique. Il est vrai que, par ordre, il fut rayé de ses cadres après Fructidor (1797) et remplacé par Bonaparte : mais on le réintégra en 1800. Autant qu'il le pouvait, son assiduité aux séances de l'Institut était grande. Finalement, les Bourbons l'éliminèrent une dernière fois en 1816 : l'introduction violente de la politique dans le paisible domaine de la science ne fut pas une des moindres

causes de l'impopularité acquise, dès son début,
au gouvernement réacteur de la Restauration.

L'œuvre scientifique de Carnot est donc, relati-
vement, considérable. Dès 1783, la découverte de
la navigation aérienne frappa vivement son imagination : mais, comprenant que cette découverte
resterait à l'état de curiosité expérimentale tant
qu'on n'aurait pas trouvé le moyen de diriger les
ballons, il chercha immédiatement la solution de
ce difficile problème. Bientôt après, il adressa à
l'Académie des sciences un *Mémoire* « où, dit
Arago, il soumettait à ses membres un dispositif
de rames légères qui, suivant lui, devaient con-
duire au but ». Il est fâcheux que ce mémoire
n'ait pu être retrouvé.

En réalité, ce fut par son *Essai sur les machines
en général* (1784, 2e édit. en 1786) qu'il marqua
son début dans la carrière des théories scientifiques pures. Il y démontrait les périls des chan-
gements brusques de vitesse, et trouvait en même
temps la formule mathématique de la perte de
force vive qui en résulte : c'est ce qu'on a appelé
le « théorème de Carnot ». Par cette démonstration, il a contribué à éloigner les mécaniciens
des essais chimériques en leur faisant comprendre
que tous les ressorts les plus divers sont soumis
à des lois générales qui ne se laissent contrarier
par aucune combinaison du génie de l'homme.
« Ce beau, ce précieux théorème, disait encore
Arago, est aujourd'hui connu de tous les ingé-
nieurs ; il les guide dans la pratique, il les garantit
des fautes grossières que commettaient leurs

devanciers ». C'est une œuvre de précaution, en un mot. Non pas que son esprit positif manquât de hardiesse dans la sphère infinie du possible : au contraire. « S'il n'est pas raisonnable, écrivait-il, d'attendre des machines des prodiges hors de toute vraisemblance, elles offrent encore assez d'objets d'utilité pour exercer l'imagination la plus ambitieuse ». Mais il voulait démontrer surtout que la prudence doit être l'alliée nécessaire de l'audace dans le champ de l'expérimentation. Là encore nous retrouvons le côté *humain*, toujours si remarquable dans Carnot, et nous avions à cœur de le signaler une fois de plus.

Ce souci de *l'humanité*, il ne l'appliquait pas seulement aux doctrines, mais encore aux hommes qui l'entouraient. Ses détracteurs ont toujours oublié de rappeler que ses bureaux furent, à toutes les époques, composés d'hommes laborieux de tous les partis, pris par lui indistinctement dans toutes les castes et dans toutes les opinions, sans prévention. Plus d'une fois il put offrir, de la sorte, un asile et du travail à des officiers de l'ancien régime. C'est ainsi qu'il sauva de la mort l'ingénieur d'Arçon et qu'il le fit nommer professeur de fortification à la nouvelle École des travaux publics. C'est ainsi qu'il assura un refuge au marquis de Montalembert et qu'il lui permit de continuer en paix, aux frais de la République, ses travaux sur l'artillerie. Voulant absolument que la science se développât dans des conditions normales, c'est-à-dire à l'abri du trouble extérieur, il s'ingéniait à lui créer une protection permanente

sous la sauvegarde de son nom : il groupait donc
autour de lui, autant que possible, les hommes
intelligents et actifs, sans trop s'inquiéter d'où ils
venaient. Aussi lui arriva-t-il, plus d'une fois,
d'encourir de la part de ses collègues le reproche
de « modération ». Nous avons dit plus haut que
ce fut à la faveur de ce système de bienveillance
non discontinuée que Bonaparte réussit à se faire
remarquer dans ses bureaux.

Il redoutait, principalement, que les entraîne-
ments de la guerre portassent un préjudice quel-
conque aux œuvres de la civilisation et du progrès.
Déjà nous avons eu l'occasion de noter quelle
répugnance il ressentait pour toute destruction
dont l'urgence n'était point strictement démontrée. L'illustre Vauban lui servit toujours, sur ce
point, de modèle. « Né pour exercer un art des-
tructeur, avait-il écrit dans son *Éloge*, le plus
grand soin de Vauban fut toujours la conservation
des hommes. Toutes ses idées, toutes ses maximes
étaient, pour ainsi dire, imprégnées de cet esprit
de bonté qui faisait son caractère. Il ne cessait de
recommander la modération ; il ne pouvait supporter qu'on détruisît les édifices et qu'on tirât
sur les maisons des villes assiégées ». Plus tard,
Carnot devait appliquer lui-même son précepte
en préservant les faubourgs d'Anvers. Qu'on juge,
par là, avec quel soin plus jaloux encore il s'appliquait à protéger les œuvres de la science et les
hommes qui s'y dévouent ! Deux exemples suffi-
ront à l'établir. Pendant la campagne d'Italie, il
recommanda instamment à Bonaparte d'accueillir

et de visiter les savants et les artistes fameux du pays dans lequel il guerroyait. « Lorsque vous vous serez emparé de Milan, ajoutait-il, appliquez-vous à trouver et à protéger particulièrement l'astronome Oriani ». Un autre jour, il recommandait au même général d'honorer les moines du mont Saint-Bernard, « hospitaliers pour toutes les nations , et de leur remettre six mille livres » ; avertissement qui lui fait honneur, mais dont Bonaparte n'oublia pas de s'attribuer le mérite.

Même préoccupation chez Carnot quand il fut Directeur. Mais, alors, sa protection put être encore plus effective. Au Petit-Luxembourg, où il résidait, il aimait à s'entourer de savants. On rencontrait chez lui Bougainville, Berthollet, Prony, Fourcroy, puis quelques poètes (1) et quelques journalistes. Il vivait au milieu de ces esprits d'élite avec une simplicité exempte d'affectation. Ce fut lui qui encouragea Jacquart, Joseph Niepce et bien d'autres qui, sans lui, n'eussent peut-être jamais trouvé l'occasion ou le moyen de se produire.

(1) On trouve dans l'*Almanach des Muses* les deux quatrains suivants signés CARNOT. Ils sont dans le goût douceâtre du temps, et nous ne les rapportons ici qu'à simple titre de curiosité.

A FANNY

Vois les oiseaux qui peuplent le bocage ;
Dans leurs ardeurs entends-les s'exprimer ;
Du tendre amour c'est là le doux langage.
C'est là, Fanny, ce qu'on appelle aimer.

Sur ces rameaux vois-tu ces tourterelles
Dans leurs ébats au plaisir s'animer,
S'unir cent fois en agitant leurs ailes ?
C'est là, Fanny, ce qu'on appelle aimer.

Carnot a, du reste, publié vers la fin de sa vie un volume de *Poésies*, devenu fort rare.

Au nombre de ces protégés se trouva l'Américain Robert Fulton, le premier inventeur auquel doive revenir le mérite de l'application véritablement sérieuse et pratique de la vapeur à la propulsion des navires. En 1796, il était venu en France pour essayer de faire accepter soit par le Directoire, soit par des financiers, un nouveau système de canalisation dont il était l'auteur. Cette tentative ayant échoué, Fulton ne se découragea pas. Il se mit à imaginer une sorte de machine de guerre sous-marine, qu'il appela *torpedo*, et qui était destinée à transporter entre deux eaux des boîtes pleines de poudre jusque sous la quille des vaisseaux ennemis, pour les faire sauter. Après quelques expériences qui lui parurent satisfaisantes, l'inventeur soumit son appareil au Directoire. Comme, à cette époque, la France était en guerre avec l'Angleterre et que nos ports et notre commerce avaient beaucoup à souffrir des vaisseaux anglais, le Directoire pensa qu'une machine propre à faciliter la défense des côtes méritait d'être examinée. En conséquence, le projet de l'ingénieur américain fut renvoyé au Directeur chargé du département de la guerre. Carnot nomma une commission pour l'essayer; mais, après quelques lenteurs et malgré le rapport favorable de cette commission, malgré l'opinion conforme donnée par Carnot lui-même, Fulton reçut l'avis qu'on ne pouvait. décidément, donner suite à son entreprise. L'application de la *torpille* se trouvait, par suite, reculée de trois quarts de siècle.

Mais Fulton revint à la charge. Il s'était lié

avec Livingston, consul des États-Unis à Paris,
qui se préoccupait des mêmes questions. Les deux
chercheurs ayant associé leurs recherches et leurs
intérêts, ils résolurent de construire sur la Seine
un bateau à la propulsion duquel la vapeur serait
appliquée. Ce projet fut mis à exécution le
9 août 1803, en présence des délégués de l'Académie des sciences, parmi lesquels Carnot, Périer,
Bougainville, Bossut, Volney et Prony. Il fallut
recommencer deux fois l'épreuve. Quand on ins-
talla dans le premier bateau construit par Fulton
la lourde machine qui devait le faire mouvoir, la
coque du petit bâtiment se trouva trop faible pour
supporter un poids semblable; elle se brisa, et le
bateau s'engloutit au fond de l'eau. Il fallut expé-
rimenter sur un second navire. Celui-ci, de
dimensions plus grandes, mesurait 20 mètres de
long sur 2^m,50 de large. Construit dans l'île
des Cygnes, il manœuvra, cette fois, sans encombre.
Toutefois, il ne remontait le courant qu'à la vitesse
de 5 ou 6 kilomètres par heure; c'était peu, mais
c'était tout ce qu'on pouvait obtenir avec les engins
plus encombrants que puissants dont on disposait
alors. En somme, c'était un grand succès : la
possibilité d'appliquer la vapeur à la propulsion
des navires était pratiquement démontrée; il ne
restait plus qu'à perfectionner les conditions de
cette application nouvelle, et il semblait que le
monde, et la France en particulier, allaient accueillir
avec joie et reconnaissance une pareille découverte. Il n'en fut rien, cependant. Cette expérience
n'attira que fort peu l'attention, et le bateau resta

longtemps sur la Seine, inactif près des Tuileries.
pendant que Fulton sollicitait en vain du premier
consul la protection et l'aide pécuniaire dont il
avait besoin. Carnot, disons-le à sa gloire, fut du
nombre des rares savants qui, dans leur prévision
scientifique de l'avenir, n'hésitèrent point à encourager l'inventeur américain. Mais Bonaparte ne
comprit pas le rôle prochain destiné à la navigation à vapeur; il ne vit pas le parti immense que
lui-même en pouvait tirer pour l'accomplissement
de ses projets. Il traita Fulton de charlatan, et
s'opposa même à ce que l'Académie fît un rapport
sur l'expérience à laquelle ses membres avaient
assisté. L'Académie obéit. Fulton alla porter à
l'Amérique son invention, qui devait révolution-
ner bientôt les lois de l'échange.

Les soucis de l'administration, qui absorbaient
tous les loisirs de Carnot, l'avaient contraint de
suspendre, pendant un long intervalle de treize
années, la continuation de ses recherches scientifiques. Les événements lui ayant rendu quelque
repos, il se remit au travail et ne cessa guère de
produire pendant les neuf années qui suivirent.
Nous devons nous borner ici à citer les plus
importants de ses ouvrages :

*Réflexions sur la métaphysique du calcul infini-
tésimal* (1797, 2e édit. en 1813). C'est après cette
publication que l'illustre mathématicien Lagrange
lui écrivait : « Si j'avais connu votre ouvrage, je
n'aurais pas entrepris le mien ! » Or, le livre de
Lagrange est — remarquons-le en passant —
un des plus beaux ouvrages de mathématiques

qui existent ; l'aveu loyal de ce savant constitue donc le plus magnifique éloge de Carnot, dont le travail fut, du reste, presque immédiatement traduit en allemand par Hauff et en anglais par Dickson.

Œuvres mathématiques (1797).

Lettre sur la trigonométrie (1801).

De la corrélation des figures de géométrie (1801), traduit en allemand par Schelling.

Géométrie de position (1803), ouvrage qui a ouvert à la science géométrique une voie nouvelle et féconde où on l'a suivi. Il a été également traduit en allemand par Helligenstein en 1804, et par Schumacher en 1810.

Mémoire sur la relation qui existe entre les distances respectives de cinq points pris dans l'espace (1806).

Théorie des transversales (1808).

Le gouvernement des Cent-Jours l'ayant rappelé de nouveau à la direction des affaires, Carnot en profita pour fonder, avec le concours de plusieurs hommes dévoués, une École d'enseignement mutuel. Cette méthode d'enseignement, qui prend sa source dans les instincts les plus profonds et les plus vifs de la nature humaine, se pratiquait depuis bien longtemps dans nos campagnes. On l'a rencontrée aux Indes ; Joseph Lancaster l'a répandue en Angleterre, André Bell en Amérique. Grâce à Carnot, elle eut à Paris sa première école officielle. Ses amis, du reste, l'aidaient de leur mieux. Tandis que Lasteyrie se chargeait de rassembler les objets nécessaires à l'enseignement, pupitres et tableaux, ardoises réglées et crayons de schiste, etc., Jomard prépara à leur rôle les

jeunes *moniteurs*, sous-officiers en miniature de
la petite troupe. Carnot parlait de son œuvre
nouvelle avec tout le feu qu'il aurait mis à ranger
une armée en bataille. « Nous rendrons, disait-il,
» les enfants précepteurs les uns des autres, pour
» la conduite morale comme pour l'apprentissage
» intellectuel, par la rapide communication, par
» la transmission presque électrique des comman-
» dements qui partent d'un seul maître. Au reste,
» il ne s'agit pas de faire des demi-savants, mais
» de donner à chacun des lumières appropriées
» à son état, de former de bons cultivateurs,
» de bons ouvriers, des hommes vertueux à
» l'aide des connaissances indispensables et des
» bonnes habitudes qui inspirent l'amour du
» travail et le respect des lois ». L'école s'ou-
vrit dans la vieille chapelle du collège de Saint-
Jean-de-Beauvais : elle comptait 19 *moniteurs*
et 300 écoliers. Par malheur pour elle, l'invasion étrangère la surprit dans sa période de
formation. A peine les classes étaient-elles com-
mencées que les soldats des armées alliées, devenus maîtres de Paris, s'emparèrent brutalement
de l'école et chassèrent les élèves effrayés. Quoi
qu'il en ait pu être de ce dénouement qu'il n'avait
pu prévoir, Carnot reste avec tout l'honneur de
cette entreprise : aux yeux de l'humanité, elle
comptera plus encore pour sa gloire et pour le
respect de la postérité que tous les grands travaux
auxquels le monde savant a attaché son nom.

N'est-ce pas là ce qu'on peut appeler une existence bien employée?

V

PORTRAIT DE CARNOT

Elle a même été si bien employée, cette vie, qu'entreprendre de l'écrire dans ses moindres détails, ce serait vouloir raconter toutes les campagnes de la Révolution contre les ennemis du dehors et du dedans. L'homme et l'idée sont devenus les deux termes corrélatifs du même fait : Carnot s'incarne en elle. et elle l'absorbe tout entier ; il est en devenu, en quelque sorte, l'émanation directe, comme aussi la figuration la plus populaire.

« Il n'a point, écrit un de ses biographes, traversé à la tête d'une armée victorieuse d'immenses étendues de terrain comme les conquérants ; mais ses méthodes, ses calculs, son patriotisme ont guidé, inspiré quatorze armées placées dans les situations les plus différentes.

» Quand il ouvrait ses cartes sur un côté de la table du Comité de salut public, au milieu des délibérations de ses collègues, et, sur le premier papier venu, esquissait un plan d'opérations, c'était pour l'Escaut, pour le Rhin, pour les Pyrénées et les Alpes, pour la Vendée. Il faudrait rechercher sur tant de champs de bataille où il ne parut point, dans tant d'entreprises exécutées

par les meilleures têtes et les plus fermes courages
la part d'honneur qui lui appartient et celle où il
ne peut prétendre...

» C'est dans une analyse approfondie de cette
immense création militaire de la Révolution française que seraient la justice et la vérité. Mais cette
analyse sera-t-elle jamais possible?

» Outre que cette création extraordinaire est
tout enveloppée pour nous de nuages mêlés de
tonnerres et d'éclairs, les grands patriotes de ce
temps ont pris à tâche d'ensevelir dans l'oubli
leurs travaux et leurs vertus. Ils se dépouillaient
de leur part de gloire et la portaient tout au fonds
commun de la France. C'est ainsi qu'ils ont con-
stitué à notre nation et à la République ce patrimoine d'honneur par lequel nous vivrons à jamais.

» Nous entrevoyons, par quelques exemples,
comment travaillaient Carnot et ses collègues du
Comité. Un Corse, au début du siège de Toulon,
apporte au Comité de salut public deux plans
d'attaque, l'un du général Dugommier, qui avait
reçu de Carnot la conduite du siège, l'autre du
capitaine d'artillerie Bonaparte. Carnot les examine
et fait son rapport au Comité, les cartes sur la
table. Il dit ce qu'il a trouvé de bon dans chacun
des deux plans, et propose de les fondre en un
seul qui n'aura les défauts ni de l'un ni de l'autre.
L'idée de Carnot fut approuvée. Le Comité confia
à Bonaparte la partie de l'attaque qui avait été
empruntée à son mémoire. Comme son grade de
capitaine ne lui donnait pas le droitde co nduire
une opération de cette importance, on le nomma

chef de bataillon. Voilà comment on travaillait au Comité de salut public ».

Essayons, maintenant, de fixer ici les principaux traits de sa physionomie et de son caractère. Nous le prenons à la fin de 1794, date à laquelle l'illustre ingénieur se montre dans tout son éclat. C'est encore au même biographe que nous emprunterons son portrait :

« Carnot est d'une haute stature ; les traits de son visage sont expressifs et réguliers ; ses yeux bleus, purs et sagaces, son nez bien formé, légèrement aquilin, ses lèvres fines, sa bouche bienveillante. L'ensemble de sa physionomie est un paisible sentiment de lui-même ; ingénieux, moins circonspect que plein d'assurance, point défiant, mais scrutateur.

» Il a l'infatigable activité de son père, ces solides jarrets qui portaient le notaire de Nolay d'une extrémité à l'autre de son département ; il a sa régularité dans la gestion des affaires privées ou publiques, et son assiduité tenace au travail. La vie de bureau ne le fatigue pas plus que ne le font le cheval et les voyages. Avec une égale facilité, il reste assis devant sa table, courbé sur des cartes et sur des plans, ou bien il se transporte aux Pyrénées, au Rhin, à l'Escaut.

» Il possède, éminemment, l'intelligence des choses pratiques, le goût des sciences positives, des mathématiques, de la géométrie. Son esprit d'ordre est passé en proverbe, nous n'avons pas besoin de le dire, puisqu'il a conservé le nom historique d'« Organisateur de la victoire » et qu'il a rejeté dans l'ombre d'autres organisateurs de première force, tels que Pache, le ministre de 1792.

» Celui-ci paraît plus actif dans son bureau que sur le terrain. Sorti de la poussière des cartons, en plein soleil, Pache semble hésiter, se chercher. Carnot, qui partout était également sûr de lui-même, le rencontra aux Pyrénées, dans sa mission, et, cédant à une impatience dont on lui a fait reproche, il écrivit à Paris pour se plaindre des lenteurs de son laborieux collègue.

» D'ailleurs, profondément humain, doux, affable, toujours heureux de rendre service. Le feu du patriotisme brûla en lui jusqu'au dernier moment : la fièvre de l'ambition ne le tourmenta jamais. Il eut soin de se créer, à toutes les époques de sa vie, un paisible foyer où il vivait, avec sa famille et quelques amis, dans la culture des lettres et dans les entretiens de la philosophie...

» Quand il eut le loisir de se retirer à la campagne, à Presles ou à Nolay, dans les intervalles de sa vie publique, il parut être encore plus pleinement que partout ailleurs dans le milieu qui lui était propre. Il veillait lui-même aux détails de son jardin, il plantait et déplantait ses arbustes, conduisait de sa main la carriole d'osier où s'étaient assis ses jeunes enfants, puis il rentrait à la maison pour leur apprendre le latin ou les mathématiques.

» Dans ces petits champs de l'Orléanais ou de la Bourgogne, il semble tout Romain ; il rappelle ces fiers et ardents dictateurs de la vieille République que leurs concitoyens allaient prendre à la

charrue pour les mettre à la tête des légions.
« L'ami du peuple, dit-il quelque part, est celui
» qu'il faut chercher longtemps pour l'obliger à
» remplir les fonctions publiques, qui s'en retire
» le plus tôt qu'il peut et plus pauvre qu'il n'y
» est entré, qui s'y dévoue par obligation, agit
» plus qu'il ne parle et retourne avec empresse-
» ment dans le sein de ses proches reprendre
» l'exercice des vertus privées ».

» Il pratiqua excellemment cette règle de conduite, toujours laborieux, toujours modeste, plus
peut-être qu'il ne l'eût fallu pour le bien public ;
profondément dévoué à sa famille, à ses enfants,
non pas à ce point qu'il craignît d'entamer son
patrimoine pour venir en aide à la République.

» Plus d'une fois il négligea de toucher son
traitement, laissant cette petite somme à nos
soldats, qui n'avaient ni fusils ni souliers. Quand
les commis de la guerre voulurent rédiger, en
1814, les lettres patentes qui lui donnaient le
titre de gouverneur d'Anvers, ils s'aperçurent, à
leur grande surprise, que Carnot était simplement
chef de bataillon. Celui qui avait dirigé quatorze
armées, créé et inspiré les premiers généraux de
l'époque, n'avait pas songé, au temps de sa toute-
puissance, à s'attribuer des grades dont il faisait
pour les autres un si judicieux et si libéral
emploi ! Il fallut user de subterfuge et prendre
prétexte du titre d'inspecteur général aux revues,
qu'il avait eu sous le Consulat, pour inscrire sur
le brevet : Carnot, général de division.

» Dans cet esprit si maître de lui-même, où

brûle un feu intense et caché qui ne sort que par intervalles, l'œil découvre aisément un fond de sensibilité naturelle. Est-ce l'héritage d'une mère maladive, aux yeux bleus, d'une délicatesse de nerfs trop facile à blesser ? Est-ce l'influence de la tendre Bourgogne qui se marie à celle du sérieux et rude Morvan dans la famille du notaire de Nolay ? Nous savons que Carnot se distingua au séminaire par sa piété, et qu'il faillit entrer dans les ordres. On peut croire qu'il y eut, dans ce jeune esprit, un mâle combat de la foi avec la science. La géométrie l'emporta, non sans avoir reçu dans la lutte une teinte particulière de grâce et de tendresse...

» Cette tendresse de cœur, qui peut-être l'égara quelquefois dans la vie publique, fit la joie et l'honneur de sa vie privée et la décora d'une foule de traits charmants. Le jeune fils d'un marchand de Paris, en congé illimité, n'avait pas rejoint son corps au terme prescrit ; un autre marchand, concurrent de son père, le dénonce par jalousie. Le jeune homme se cache ; le tribunal le condamne à mort, en attendant qu'on le retrouve. Un ami accourt chez Carnot, lui peint le désespoir de la famille, le supplie de sauver l'imprudent. L'affaire était délicate. Carnot hésite entre deux devoirs ; mais, après avoir réfléchi : « C'est bien, » dit-il, je vois qu'un dénonciateur passionné a » causé tout le mal ; je trouverai quelque moyen » de salut. » Il trouva en effet ; et non seulement il sauva la vie du jeune homme, mais il le rendit à sa famille, qui avait grand besoin de ses ser-

vices. « Je vous croyais un Brutus ! lui dit un
» jour quelqu'un. — Oui, répondit-il, quand il le
» faut ».

Il disait, dans une autre occasion : « Les
» circonstances développent en nous des facultés
» dont nous ne soupçonnions pas le germe,
» agrandissent l'âme et lui donnent le ressort. »
Il semble que cette pensée lui ait été inspirée par
l'histoire de sa propre vie. Cet homme du foyer,
ce paisible bourgeois, dont les brillants sabreurs
de l'empire raillaient la tenue modeste et les bas-
bleus, s'est élevé jusqu'aux plus grandes audaces
de l'esprit révolutionnaire : « On n'est pas révo-
» lutionnaire, disait-il, on le devient. »

» Il ne l'était point, quant à lui, par nature,
mais il le devint par le travail et la réflexion,
quand il fut nécessaire de l'être pour la patrie ».

On conçoit combien un homme de cette trempe
intellectuelle dut déplaire à Bonaparte, une fois
celui-ci arrivé au pouvoir. Pourtant le nouveau
triomphateur, tout en n'hésitant pas à priver le
pays des services de son ancien protecteur, n'osa
pas, néanmoins, l'oublier complètement quand,
plus tard, il distribua solennellement des récom-
penses. Crainte mesquine, dont Carnot dut sourire
avec dédain. Dans cette circonstance, la conduite
du grand patriote est encore à noter. A la première
distribution de croix, l'empereur fit donc envoyer
à Carnot celle de simple légionnaire, les plus
hauts grades de l'Ordre ayant été réservés à ses
courtisans. Carnot se contenta de dire à ce sujet :
« Sans doute, c'est un grand avantage pour une

» nation de pouvoir payer avec une branche de
» chêne ou de laurier, avec des croix ou des
» rubans, les plus importants services qu'on
» puisse lui rendre. Mais si ces distinctions de-
» viennent le prix de la flatterie, de l'espionnage,
« de services plus honteux encore, de quelle
» utilité pourront-elles être bientôt pour la nation?
» Qui voudra se dévouer aux pénibles travaux,
» aux plus dures privations pour les obtenir? Qui
» ira les chercher dans les camps, si on peut les ra-
» masser à pleines mains dans une antichambre? »
Il accepta, cependant, sans témoigner d'humeur.
Une autre fois, le récent empereur lui envoya, par
les soins de l'archichancelier Cambacérès, un
diplôme de comte. Le secrétaire particulier du
ministre lui ayant demandé quelle réponse il
devait faire : « Aucune, répondit Carnot. Je ne
» veux ni affubler mon nom d'un sobriquet, ni
» procurer, par un refus bruyant, aux ennemis de
» l'empereur l'occasion de dire que je me sépare
» de son gouvernement. »

Dans sa pensée, en effet, Carnot n'oublia jamais
que la patrie est au-dessus des régimes de hasard
que certains hommes ou certains événements lui
imposent. Tous les actes de sa vie publique se
trouvent expliqués ainsi.

VI

Dans les derniers jours du mois de janvier 1813, Carnot se trouvait à la bibliothèque de l'Institut quand il apprit, en parcourant les journaux, la fuite de Napoléon et le passage du Rhin par les armées alliées. Le sang du soldat patriote bouillonne à cette lecture. Sur-le-champ, il écrit à l'empereur : « Sire, aussi longtemps que le succès a » couronné vos entreprises, je me suis abstenu d'of- » frir à Votre Majesté des services que je n'ai pas » cru lui être agréables. Aujourd'hui que votre mau- » vaise fortune met votre constance à l'épreuve, » je ne balance plus à vous faire l'offre des faibles » moyens qui me restent... Il est encore temps » pour vous de conquérir une paix glorieuse, et » de faire que l'amour d'un grand peuple vous » soit rendu ». Napoléon lui répondit en le nommant gouverneur d'Anvers : en même temps, il lui expédiait le brevet de général de division. Carnot avait, alors, à peu près soixante ans. Parti de Paris le 30 janvier, il se jetait dans la place le 2 février, au matin, après avoir traversé, non sans péril, la Belgique au milieu des troupes ennemies.

A aucune époque de sa vie il n'a été plus grand

que dans ce siège, où toutes ses qualités d'organisateur, d'ingénieur et de tacticien trouvèrent
l'occasion de s'exercer et de se déployer à la fois.
Anvers, notre premier arsenal et notre boulevard
du Nord, contenait un immense matériel militaire
et maritime : 800 bouches à feu, 23 bâtiments de
guerre dans ses bassins, 17 sur ses chantiers. Les
Prussiens et les Anglais marchaient à la fois pour
s'en emparer. Mais en trois jours, par la vivacité
et la justesse de son tir, il avait éteint les feux
ennemis et contraint les troupes assiégeantes à se
contenter d'un blocus. Les diverses sorties qu'il
risqua furent, en outre, toujours heureuses. Mais
il avait dans la place 15,000 indigents à nourrir,
des bataillons d'ouvriers de toutes les nations à
surveiller et à diriger, des matelots sans solde à
contenir, des soldats abattus à encourager. Il
suffit à cette multiple besogne. Il contraint tout
d'abord, au nom du patriotisme et de l'honneur,
les banquiers de la ville à lui avancer un million :
puis, une fois nanti de cette somme qui lui permet
de subvenir aux nécessités les plus pressantes, il
s'applique à tenir tout son monde en haleine, à
exciter et animer chacun sans alarmer personne.
A son exemple, tous les assiégés font leur devoir,
et l'ennemi ne peut même approcher de la place.
Le 12 avril au soir, un aide de camp du général
Dupont, ministre de la guerre du gouvernement
provisoire, vient lui annoncer l'abdication de
l'empereur, le rétablissement des Bourbons, et le
somme de capituler. Carnot s'y refuse ; il ne veut
prendre une décision qu'après une preuve authen-

tique du changement de gouvernement. En même temps, il sévit énergiquement contre les tentatives de désertion qui se manifestent. Le 18 enfin, la grave nouvelle est confirmée. Le général se résigne alors ; mais il aura rempli son devoir jusqu'au bout. Il sortit d'Anvers le 3 mai, à la tête de sa vaillante garnison, terrassé par les événements, non pas vaincu. Cinquante ans plus tard, en 1865, la reconnaissance des habitants de cette ville lui élevait une statue à l'entrée d'un des faubourgs de la place.

Toujours prêt à sacrifier ses opinions personnelles aux intérêts du pays, il se fût résigné à accepter, comme une conséquence nécessaire des malheurs du temps, des mains des Bourbons eux-mêmes un régime pacifique et tolérable. L'accueil qu'il reçut aux Tuileries le blessa profondément. Il se replongea dans l'étude. Mais une âme de cette trempe ne se laisse point aveugler par d'égoïstes rancunes. Napoléon, à peine échappé de l'île d'Elbe, fait appeler le vieux républicain et lui offre le ministère de l'intérieur. Carnot consent, de nouveau, à remplir ce poste, parce qu'il sent qu'il peut être encore utile au relèvement national. Il n'eut que le temps de faire une loi pour organiser l'enseignement primaire : comme nous l'avons dit plus haut, il fonda notamment, avec l'aide d'Alexandre de Laborde, de Lasteyrie, de Jomard, de Larochefoucauld-Liancourt, la première école d'enseignement mutuel. Il ne put aller plus loin. L'empereur, décidé à jouer la destinée de sa politique sur « un coup d'éclat », ne voulut rien entendre de ses plans de résistance prudente. Le coup de foudre de Waterloo brisa pour jamais le géant.

Lorsque les Chambres législatives voulurent, après l'abdication définitive, former un conseil provisoire de gouvernement, elles élurent. d'abord, Carnot en tête de la liste, puis Fouché, Grenier, Caulaincourt et Quinette. Par une étrange dérision du hasard, ce fut Fouché, ce symbole odieux de la trahison permanente, qui reçut des mains de ses quatre collègues, qui pourtant le méprisaient. la présidence du gouvernement ! Le conseil siégeait encore aux Tuileries lorsque les troupes ennemies vinrent occuper la place du Carrousel. Les membres de la commission exécutive se retirèrent, et Carnot retourna à sa maison de campagne de Presles. Il n'y devait plus rester longtemps. Porté sur la liste de proscription du 24 février, il reprit le chemin de l'exil, s'arrêta quelque temps à Varsovie, puis s'établit à Magdebourg, où il mourut le 2 août 1823. Ce grand homme, qui avait gouverné la France et dirigé sans contrôle des armées, était resté pauvre jusqu'à la fin : ce n'est pas là un de ses moindres titres de gloire.

Chose inouïe ! sa dépouille repose encore sur la terre de Prusse. Une mince plaque de marbre noir sur une stèle de pierre brute, six lettres gravées en creux : CARNOT, voilà le monument funèbre et le champ de repos du patriote illustre que l'histoire, désormais, ne connaît plus que sous ce nom : l'ORGANISATEUR DE LA VICTOIRE !

Non pas, cependant, hâtons-nous de le dire, que la France, que la République surtout se soit montrée coupable de cet oubli. En 1849, un décret-loi, rendu sur le rapport de Trélat, avait prescrit le rapatriement des cendres de Carnot. Même un crédit de 50,000 francs avait été voté dans ce but. Le second empire tint pour lettre morte la promesse solennellement faite.

A l'occasion de la fête commémorative de Nolay, le maire de cette ville a exprimé au ministre de la guerre le désir éprouvé par tous les habitants de voir, enfin, ce vœu réalisé. M. le général Billot a promis publiquement d'en hâter l'exécution. S'adressant à ses collègues du Sénat présents à la cérémonie et aux députés de la Côte-d'Or et de Saône-et-Loire : « J'espère, messieurs, a-t-il dit, » que vous m'aiderez à remplir l'engagement que » je prends en ce moment. »

Il importe de ne pas laisser protester plus long-temps la signature du pays. La France de 1882 se souvient trop de Carnot pour ne pas acquitter la dette contractée par la France de 1792.

Statue de Carnot, à Nolay (Côte-d'Or.)

TABLE DES MATIÈRES

PARIS. — IMPRIMERIE CHAIX, SUCCURSALE DE SAINT-OUEN. — 2262-2.

BIBLIOTHÈQUE DE VULGARISATION

Chaque ouvrage est complet en 1 v. gr. in-16 de 320 à 360 pag.

Broché : **2 fr. 50** ; cartonné à l'anglaise : **3 fr.**

Avec titre et tranches dorées, 3 fr. 50.

ONT PARU :

AD. DE FONTPERTUIS

1° **Chine, Japon, Siam et Cambodge**, avec gravures dans le texte.

—

G. BUREAU

Ingénieur civil, Inspecteur de la Compagnie des chemins de fer de l'Ouest

2° **La Vapeur**, *ses principales applications.* — **Voies ferrées, — Navigation**, avec 48 gravures dans le texte.

—

ALEXIS CLERC

3° **Voyage au Pays du Pétrole.**

—

ÉDOUARD CAT

Professeur agrégé d'histoire et de géographie

4° **Les Grandes Découvertes maritimes du XIII° au XVI° siècle**, avec gravures dans le texte.

—

J.-E. ALAUX

Docteur ès lettres, agrégé de philosophie

5° **Histoire de la Philosophie.**

—

PAUL GAFFAREL

Doyen de la Faculté des Lettres de Dijon

6° **Les Explorations françaises de 1870 à 1881**, avec gravures dans le texte et six cartes géographiques.

(A obtenu le prix Jomard)

JEAN LAROCQUE

7° **L'Angleterre et le Peuple anglais**, avec une carte d'Angleterre.

—

ADRIEN DESPREZ

8° **La Politique féminine**, de Marie de Médicis à Marie-Antoinette. — 1610-1792.

—

MAURICE PÉLISSON

Agrégé des Lettres

9° **Les Romains au temps de Pline le Jeune.** — Leur vie privée.

—

A. DE FONTPERTUIS

10° **Les Etats latins de l'Amérique.**

—

HUGONNET

11° **La Grèce nouvelle.** *L'Hellénisme*, son évolution et son avenir.

—

Dr CAMILLE GROLLET

12° **L'Électricité,** — *ses principales applications,* — avec nombreuses gravures.

—

Mme RATAZZI

13° **Le Portugal à vol d'oiseau.**

—

RAOUL POSTEL

14° **L'Extrême Orient.** *Cochinchine, Annam, Tonkin,* — avec gravures dans le texte.